LA
LIBERTÉ DE DISCUSSION

LETTRE

A M. LEVERT

PRÉFET D'ALGER

PAR

CLÉMENT DUVERNOIS

> Il n'y a que les petits hommes
> qui redoutent les petits écrits.
>
> BEAUMARCHAIS.

———————
DEUXIÈME ÉDITION
———————

A ALGER

IMPRIMERIE ALGÉRIENNE DE DUBOS FRÈRES, ÉDITEURS

Janvier 1860

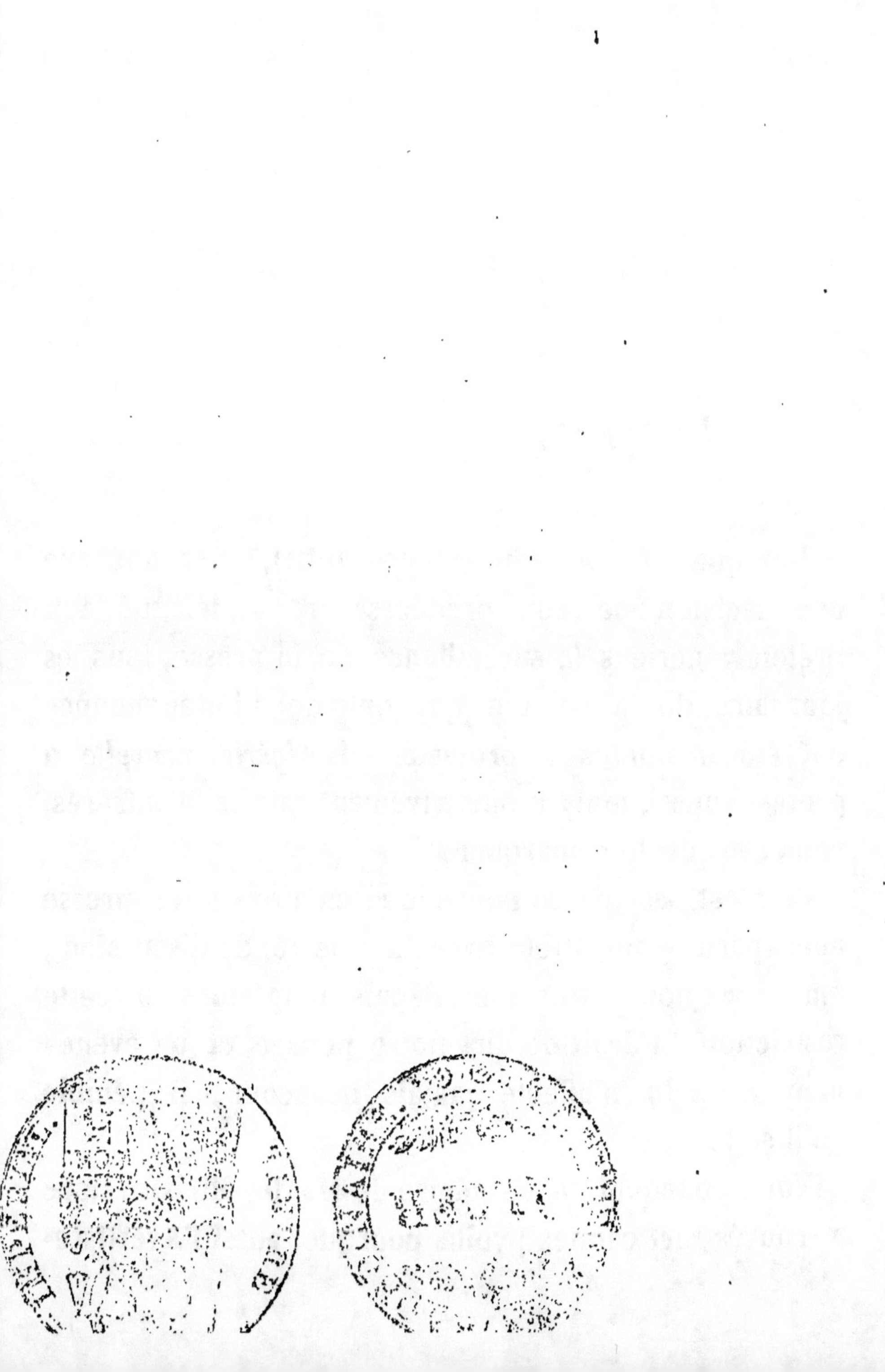

Lorsque M. de Chasseloup-Laubat, revenant sur une décision de son prédécesseur, a délégué aux préfets algériens la surveillance de la presse, tous les journaux de la colonie qui ont de l'indépendance ont été unanimes à protester. L'*Algérie nouvelle* a protesté aussi, mais moins vivement que ses confrères, vous avez dû le remarquer.

Ce n'est pas que la nouvelle circulaire sur la presse nous parût compatible avec la liberté de discussion ; mais nous nous attendions depuis longtemps à cette restriction du droit de dire notre pensée, et un événement attendu n'affecte jamais beaucoup, si pénible qu'il soit.

Voilà pourquoi la circulaire de M. le Ministre nous a trouvés fort calmes ; voilà pourquoi aussi l'Avertisse-

ment qui nous a frappés nous a beaucoup moins trou-
blés que vous ne pouvez croire. Depuis longtemps
nous attendions l'arrêté que vous nous avez adressé
l'autre jour; nous l'attendions en faisant tous nos efforts
pour l'éviter, mais avec la certitude de n'y point
réussir.

Pourtant, si j'admets que *Cela était écrit*, comme
disent les Arabes, ce n'est pas une raison, vous le
comprenez bien, pour que j'accepte sans protester la
mesure que vous venez de prendre.

La loi défend à l'*Algérie nouvelle* de discuter les
Avertissements, et vous avez beau jeu à l'accuser
de mensonge, de haine du gouvernement, d'attaque contre un culte reconnu, d'excitation à la haine
des citoyens les uns contre les autres, de plus de
délits en un mot qu'il n'en faudrait pour nous faire
tous enfermer. Vous avez beau jeu, je vous le répète,
car vous avez le droit de parler seul. Mais ce que
l'*Algérie nouvelle* ne peut pas faire, je le puis, sous la
protection des lois : de la juridiction administrative,
qui ne se laisse pas discuter, je puis en appeler à la
juridiction de l'opinion publique pour fournir les
explications nécessaires.

Vous n'aimez pas l'*Algérie nouvelle*, Monsieur, cela

est incontestable ; si pénible que ce puisse être pour moi, je suis obligé de le reconnaître, car vous le manifestez chaque fois que vous en trouvez l'occasion.

S'agit-il de distribuer les annonces judiciaires, vous les donnez toutes à l'*Akhbar*, comme si vous aviez mission de nous ruiner ;

S'agit-il de communications administratives, vous nous en privez de la manière la plus absolue. Vous avez bien, quelque part, dans vos cartons, une petite circulaire qui vous enjoint de faire ces communications à tous les journaux indistinctement ; mais il y tant de choses dans les cartons d'un préfet ! Puis c'est de l'histoire ancienne que cela ; c'est sous le ministère du Prince que se faisaient ces recommandations, et le Prince n'est plus ministre ! Bref, vous nous privez de toutes nouvelles, et la France pourrait être bouleversée de fond en comble, sans que nous en apprissions le premier mot !

Je ne puis donc, je le répète, me tromper sur vos sentiments à notre égard. Mais ce qui m'intrigue un peu, je l'avoue, ce sont les motifs qui vous font agir.

Me faut-il supposer une de ces antipathies instinctives qui ne raisonnent pas ? Je vous estime assez pour ne vous point croire capable d'obéir à un pareil sentiment. Et pourtant, j'ai beau me creuser la tête, je n'y puis trouver aucun grief personnel qui vous ait été fourni par nous.

Vous êtes arrivé en Algérie dans une position assez fausse, mais enfin vous veniez y représenter l'autorité civile, c'était une raison pour nous de vous bien acceuillir. Ainsi avons-nous fait; et pourtant, je le répète encore, vous ne nous aimez pas.

Quelques-uns de mes amis, gens sensés et d'expérience, me plaisantent sur la naïveté avec laquelle je cherche à discerner vos sentiments : « Un préfet, me disent-ils, n'est pas un homme comme un autre ; en endossant l'habit brodé, il endosse un caractère, des manières, des idées, des haines, des amitiés qui ne lui appartiennent pas. M. Levert est fort bonhomme et n'a pour vous ni haine, ni sympathie ; il a tout simplement le désir de ne pas mécontenter ceux qui l'ont nommé, et de garder sa place. »

Ainsi parlent mes amis; et, pour mieux me convaincre, ils me content que, dans l'Ardèche, vous avez déjà *tombé* un journal comme vous voulez en ce moment tomber *l'Algérie nouvelle.*

Que faut-il croire de leurs discours? je ne sais, mais j'avoue qu'il me répugne d'y ajouter foi, car je ne vois pas quel intérêt vous auriez à vous faire le bouc émissaire d'une situation que vous n'avez pas créée; car si je vois bien quels gages vous donnez chaque jour à vos amis, je vois moins bien ce qu'ils peuvent vous offrir en échange.

Combien il vous était aisé, en effet, arrivant nouveau dans le pays, de dominer tous les partis, au lieu de vous donner à l'un d'eux ! Vous pouviez faire la part égale aux journaux, les écoutant tous, contrôlant l'un par l'autre, et vous former une opinion sérieuse; vous évitiez du même coup le reproche de partialité et les conflits sans nombre qui en sont résultés !

Je reste certain que, si vous n'avez point fait ainsi, c'est que vous avez obéi à des convictions pré-conçues, mais profondes, car, de gaieté de cœur, vous ne vous fussiez point jeté pour autrui dans la série d'embarras qui vous étreint.

Mais je laisse pour ce qu'ils sont vos sentiments pour moi, et j'arrive à l'examen de votre dernier coup de massue, du fameux Avertissement.

Vous basez cette mesure sur un article relatif à la justice musulmane, publié récemment par mon ami M. Arthur de Fonvielle, et vous lui reprochez d'abord d'avoir affirmé que « l'on frappe d'une pénalité les Arabes qui veulent s'établir en territoire civil. » Cette assertion est fausse ! vous écriez-vous avec indignation.

Permettez, Monsieur, et entendons-nous sur les mots.

Si vous voulez affirmer qu'un Arabe du territoire militaire peut venir en territoire civil, sans être pour cela condamné aux travaux forcés à perpétuité, sans même être traduit en Cour d'assises, nous sommes complètement d'accord, et M. de Fonvielle n'a pas l'intention de nous contredire.

Mais, si vous prétendez affirmer que l'Arabe du territoire militaire est entièrement libre de venir s'installer en territoire civil, qu'une pénalité indirecte, mais effective, ne l'en empêche pas, vous me permettrez de ne pas être de votre avis, et de me ranger à celui de M. de Fonvielle.

Supposez qu'on aille dire à un Européen résidant à Alger : Vous êtes parfaitement libre d'aller à Blida, mais c'est à plusieurs conditions : il faudra d'abord que vous payiez exactement tout ce que vous devez, que vous régliez toutes vos affaires ; puis vous irez faire constater votre situation ; enfin vous renoncerez à tous droits sur vos propriétés. Allez, mon ami, allez, vous êtes parfaitement libre.

— Grand merci de votre liberté, répondrait l'Européen, croyez-vous donc que les affaires se règlent ainsi, sur l'heure ? Ce que je vois de plus clair dans votre liberté d'émigration, c'est la liberté de perdre mes biens !

Ne pensez-vous pas qu'il aurait quelque raison de parler ainsi ? C'est pourtant là ce que dit la loi, aux

Arabes qui veulent venir en territoire civil. Ils sont parfaitement libres de le faire, mais il faut qu'ils obtiennent l'autorisation du bureau arabe. Or, le bureau arabe n'aime pas ces sortes d'émigrations; et la loi, par les conditions difficiles qu'elle impose, lui donne tous les moyens de s'y opposer.

Cela n'aurait pas besoin de démonstration, si vous étiez plus ancien dans le pays, car je ne connais pas un seul propriétaire qui n'ait à se plaindre, à cet égard, des bureaux arabes. Tous ceux que j'ai vus m'ont raconté les tracasseries sans nombre dont ils ont été l'objet chaque fois qu'ils ont voulu employer les Arabes. Si vous doutez de mes affirmations, prenez la peine d'interroger des gens sérieux, — je ne parle pas de votre ami, M. Watbled, — et vous saurez bientôt à quoi vous en tenir.

Et, quand vous aurez mis la dernière main à votre petite maison du Ruisseau, si les préoccupations que vous cause l'*Entr'acte* vous en laissent le loisir, pourquoi n'iriez-vous pas à Cherchel ?

Les habitants de cette bonne ville vous conteraient l'histoire de leur marché. Ils vous diraient qu'autrefois, les Kabyles des environs fréquentaient assidûment le marché de Cherchel, mais que, depuis quelques années, ils ont cessé brusquement d'y venir. Le Commandant supérieur ayant pris un congé, les colons en profitèrent pour réclamer ; le Commandant supérieur intérimaire promit d'examiner la question, et, de ce moment jusqu'au retour du titulaire, le marché fut assidûment fréquenté. Depuis il s'est de nouveau transformé en désert.

Je livre ce fait à vos méditations, sans y attacher plus d'importance qu'il ne faut, et je me résume.

Les Arabes-militaires sont libres de venir dans votre département, mais à cette condition expresse qu'ils en auront l'autorisation, et cette autorisation, ils ne peuvent l'obtenir que d'un pouvoir qui ne veut pas la leur donner, et qui a tous les moyens de la leur refuser.

Vous le voyez, Monsieur, entre M. de Fonvielle et vous, il n'y a qu'un jeu de mot : vous avez pris *pénalité* dans son sens propre, M. de Fonvielle l'a écrit au figuré, comme il eût dit que vous subventionnez l'*Akhbar*, bien qu'à vrai dire, vous ne lui donniez pas, que je sache, de subvention directe, mais parce que vous lui donnez un petit monopole assez productif.

Un jeu de mot, — même très-spirituel, — ne saurait motiver un Avertissement, vous l'avez compris ; aussi nous accusez-vous d'avoir eu l'intention d'égarer l'opinion et de représenter le gouvernement comme hostile au développement de la colonisation et à la fusion des intérêts. »

Ici encore, Monsieur, entendons-nous bien sur la valeur des mots.

Qu'appelez-vous gouvernement ?

D'après ce que je vois, vous donnez cette qualification à tout ce qui porte uniforme, depuis le garde-champêtre inclusivement, jusqu'au ministre, en passant par le préfet. De telle sorte qu'il ne serait point permis d'attaquer un garde-champêtre, sans attaquer le gouvernement.

Moi je distingue.

Je vois, en haut de l'échelle gouvernementale, un pouvoir politique responsable qui dirige le pays ; et je vois, au-dessous une multitude de fonctionnaires qui agissent loin de l'œil de maître et peuvent, par conséquent, méconnaître sa pensée ou tromper sa religion. Il me semble dès lors évident que je puis discuter les actes de ces fonctionnaires secondaires, sans que le gouvernement, le principe gouvernemental, soit mis en cause : il est juge, non partie ; je l'éclaire, je ne le discute pas.

Vous me direz, je le sais, qu'il ne s'agit point ici d'un simple arrêté préfectoral ou ministriel, mais d'un décret de l'Empereur. Vous savez aussi bien que moi que le Chef de l'Etat, moins encore que le ministre ne prépare pas les décrets ; vous savez très-bien ce qu'il faut penser des fictions administratives. Elles vous expliquent pourquoi l'Empereur signe le 7 mai 1859, sur la proposition de M. de Chasseloup-Laubat, un décret qui contredit celui qu'il avait signé le 19 février précédent, sur la proposition du Prince. Cela vous explique aussi pourquoi l'Empereur change de ministres, quand il modifie sa politique; et vous savez que « la bureaucratie donne tout au gouvernement, comme les prêtres tout à Dieu. »

D'ailleurs vous établissez une confusion fâcheuse entre les attaques contre le gouvernement et la discussion de ses actes : les attaques sont réprimées par la loi, mais la discussion est permise.

Si j'insiste autant sur les confusions, involontaires sans doute, que vous établissez, c'est que j'ai pour cela de bonnes raisons : vos amis, et M. Walbled particulièrement, m'accusent incessamment de démagogie, ce qui est fort habile. Ils espèrent ainsi rendre mes avis suspects, car on n'accepte guère d'avis d'un ennemi déclaré. Ils voudraient établir une solidarité entre les actes de leurs amis et l'Empereur; ils veulent enfin préparer, en les justifiant, les petites aménités que vous nous adressez périodiquement. C'est fort habile, je le répète, mais c'est peu loyal.

Que votre zèle se rassure, Monsieur, je n'attaque

pas le gouvernement et je n'ai nulle envie de l'attaquer; mais je maintiens que la Vieille Algérie qui a survécu à la chute du ministère de la guerre est « hostile au dé_ veloppement de la colonisation et à la fusion des intérêts. »

Vous croyez le contraire, et je ne demanderais pas mieux que de partager votre opinion, car je sais que cela est très-productif, mais les faits se prononcent contre vous.

La première condition, pour coloniser, c'est d'avoir des terres à donner aux émigrants. En avez-vous? Si vous me répondez affirmativement par des chiffres, je me rends. Mais vous savez aussi bien que moi que, dans toutes les communes de votre département, l'espace est trop étroit pour les colons, et que ce serait par conséquent folie que d'y en vouloir installer d'autres. Vous n'ignorez pas non plus, —car vingt circulaires le répètent,—que les terres à aliéner abondent partout, mais qu'il faut, pour y toucher, terminer le cadastre. D'où je conclus que l'administration, qui a des terres et ne les rend pas disponibles, n'est pas précisément sympathique à la colonisation.

Croyez-vous aussi que la loi qui interdit aux Européens l'entrée du territoire arabe soit très-favorable au développement de la colonisation ?

Croyez-vous que la loi qui place les Européens en territoire militaire sous la juridiction des Conseils de guerre, qui les prive de juris en territoire civil, qui enlève aux Français d'Algérie leurs droits politiques ; croyez-vous, en un mot, que tout cet amas de lois exceptionnelles, qui privent le colon de toutes les garanties légales, soit de nature à activer l'émigration ?

Et le manque de routes, dans tout le département, qu'en pensez-vous ?

Je ne sais, mais je crains bien que vous n'ayez guère le loisir d'y songer, préoccupé que vous êtes de *l'Entr'acte algérien*, du *Tirailleur* et d'une foule d'autres choses aussi graves; et cela m'explique votre étonnement, lorsque j'affirme qu'on entrave la colonisation.

Il en est de la liberté de coloniser pour les Européens, comme de la liberté, pour les Arabes-militaires, de venir eu territoire civil. Pendant que vous répétez aux uns : Allez en territoire civil, mais en vous laissant dépouiller; vous ne nous donnez, à nous autres, ni terres, ni eau, ni routes ; vous ne nous permettez ni d'acheter des terres, ni d'aménager les eaux, ni de faire des routes ; et vous nous dites : Colonisez, vous êtes parfaitement libres !

La plaisanterie est peut-être spirituelle, mais je vous certifie qu'elle est ruineuse !

Cela me rappelle le voyage que fit un jour l'un de vos prédécesseurs, M. Lautour-Mézeray, dans une ville que je ne veux pas nommer.

— Monsieur le préfet, lui disait le commissaire-civil, la colonisation ne progresse pas ; elle est arrêtée par le manque de terres et de routes ; mais, si vous obteniez la remise par l'autorité militaire des terrains que vous voyez là-bas, je pourrais placer mes colons ; le **pays se** développerait, je...

— Aimez-vous la chasse ? interrompit le préfet.

— Non, Monsieur le préfet, mais...

— Aimez-vous la pêche à la ligne ? exercice fort agréable, je vous assure !

— Non, mais je ne vois pas...

— Alors, vous aimez les femmes? continua votre prédécesseur, de galante mémoire.

— Je suis marié, et je m'en tiens à ma femme, mais je ne comprends pas ....

— Hé bien! mon cher commissaire-civil, chassez, péchez à la ligne, courrez les femmes, jouez au bilboquet si cela peut vous être agréable, mais gardez-vous bien d'aborder des questions brûlantes, d'élever des conflits dans lesquels nous serions brisés tous deux !

. . . .

Mais, je me laisse aller à vous conter des anecdotes, et ce n'est point pour cela que je vous écris : je reviens à mon sujet.

Vous ne croyez pas seulement que l'administration

veut faciliter la colonisation, vous tenez aussi pour certain qu'elle veut la fusion des intérêts. Convenez, Monsieur, que si tel est en effet son désir, elle s'y prend fort mal pour l'exprimer.

Elle commence par parquer les tribus dans un territoire qu'elle nous rend inaccessible ; elle leur donne ensuite toute une organisation féodale et théocratique, antipathique à nos mœurs et à nos idées ; elle crée des capitaineries, comme il y avait naguères des pachaliks, en un mot, elle s'arrange de telle sorte qu'il n'y a rien de commun entre les Européens et les Arabes, ni les lois, ni la juridiction ; et vous dites qu'elle veut la fusion !

Que ferait-elle donc, de grâce, si elle ne la voulait pas ? Avouez que, si je me trompe sur ses intentions, il y a un peu de sa faute.

Mais nous ne nous sommes pas bornés, s'il faut vous en croire, à attaquer le gouvernement, à dénaturer sa pensée, nous avons attaqué aussi la foi musulmane, en demandant la suppression de la justice des Cadis et des Midjelès ; nous avons ainsi jeté le trouble dans les tribus.

Voilà qui est grave, et je m'étonne, je l'avoue, que M. le Procureur général ne s'émeuve pas, en présence de faits pareils ; car enfin, les faits de cette nature sont prévus par la loi ! Je dois bien le dire, l'inaction du parquet

en cette circonstance me rassure un peu sur les consé-
quences de ma polémique, mais j'ai d'autres motifs d'ê-
tre tranquille.

D'abord, je le répète à satiété, je suis d'un scepticis-
me inébranlable en matière d'insurrections. J'en ai dit
souvent les raisons, et puisque vous prenez la peine de
me lire, vous devez les connaître.

Ensuite, je sais que la vaillante épée de M. de Martimprey n'est pas loin, et que, s'il le fallait, elle saurait faire respecter chez les Arabes les lois de la France. Ce
que le vainqueur de la Melouïa a fait au Maroc nous dit
assez ce qu'il saurait faire en Algérie.

Enfin, — et c'est là mon plus gros argument, — je suis
persuadé que les Arabes ne demandent pas mieux que
d'en finir avec les lois d'exception ; je suis convaincu
que, si nous nous déconsidérons auprès d'eux, ce ne
sera pas en prenant des mesures radicales, mais en tâ-
tonnant, comme on le fait depuis trente ans.

Nous arrivons chez les Arabes en faisant des diatri-
bes bien senties contre les vices du gouvernement turc,
contre l'improbité des chefs, contre la vénalité des ju-
ges, et nous maintenons les impôts arabes, les corvées,
les *touiza*, les tribunaux musulmans et les feudataires
indigènes, qui font, en notre nom, comme ils faisaient
au nom des Turcs. Belle logique, en vérité !

Nul n'est censé ignorer la loi, disons-nous, et cette loi

nous la modifions à chaque instant, de telle sorte que l'avoué le plus retors serait incapable de s'y reconnaître.

Beau moyen de faire apprécier aux Arabes la simplicité de notre législation et notre persévérance dans les idées !

Mais, dites-vous, la justice musulmane fait partie de la religion des vaincus.

Je crois qu'à cet égard vous vous trompez ; je crois que le Koran, comme tous les codes religieux, confond le spirituel et le temporel ; mais je crois aussi que l'on peut, sans outrager le culte musulman, établir la distinction que le Koran néglige.

De deux choses l'une, ou vous admettez que le Koran tout entier est article de foi, et qu'à ce titre, nous sommes tenus de le respecter, ou vous admettez qu'il faut en dégager la partie purement religieuse, et ne pas tenir compte du reste.

Dans le premier cas, il faut bien vite quitter l'Algérie, car des Infidèles ne doivent pas dominer les vrais Croyants : le Koran s'y oppose ; il faut bien se garder de porter une main profane sur les choses saintes, et, par conséquent, de faire des décrets sur la justice musulmane !

Dans le second cas, il faut respecter la loi du Prophète dans ce qu'elle a de purement religieux, mais il faut en supprimer toute la partie théocratique. On ne mécontentera pas davantage les vrais musulmans, les Veuillots algériens, qu'on ne les mécontente actuellement en taillant chaque jour un lambeau du Koran, seulement on les mécontentera moins souvent. Quant aux hommes raisonnables, c'est seulement en ayant l'air de ne pas savoir ce qu'on veut qu'on les indispose contre nous.

Qu'on n'essaie donc plus d'étayer ce vieil édifice féodal et théocratique qui est pourri et qui s'écroule comme tous ses pareils. Est-ce donc la main de la France démocratique qui doit s'efforcer, au nom de Napoléon III, empereur PAR LA VOLONTÉ NATIONALE,

De réparer du temps l'irréparable outrage !

Non, cela ne doit pas, ne peut pas être, dussent les Veuillotins de l'Algérie s'en formaliser! Non, la France ne respectera pas plus le principe théocratique musulman dans l'Algérie française qu'elle n'a toléré l'inquisition catholique, après la conquête de l'Espagne.

Soyons tolérants, en Algérie comme partout, c'est notre devoir ; laissons chacun libre de prier Dieu à sa manière ou de ne pas le prier. Mais, quand l'idée religieuse devient théocratie; quand, sous prétexte de religion, on opprime les masses, protestons énergiquement et ne pactisons pas avec le fanatisme.

Croyez-le bien, Monsieur ; l'esprit de tolérance ne guide pas les partisans de toutes les choses musulmanes qui émaillent l'Algérie. A cet égard, ils vous ont trompé comme ils ont trompé le ministre : ce qu'ils veulent c'est la conservation du vieil ordre de choses parce qu'ils en vivent depuis trente ans, parce qu'avec les lois d'exception tomberont les positions exceptionnelles qu'ils ont obtenues.

J'ai discuté, Monsieur, dans toutes ses parties, l'Avertissement que vous avez donné à l'*Algérie nouvelle*, et, sincèrement, je dois vous le dire, je ne puis croire que les motifs invoqués par vous, vous aient seuls dirigé. Je ne puis croire que l'article de M. de Fonvielle vous ait seul inspiré la colère que vous manifestez.

Vingt fois, cent fois, depuis un an, j'ai dit en termes bien plus vifs ce que M. de Fonvielle vient de dire; vingt fois mes autres collaborateurs se sont exprimés dans le même sens sur le même sujet : je ne puis donc voir dans cette répétition la cause principale de votre colère ; et les causes véritables je vais vous les exposer telles que je les conçois.

Je pense d'abord, Monsieur, que vous n'aimez pas la liberté de discussion ; je crois ensuite que vous êtes fort mal entouré, fort mal conseillé.

Avant de venir à Alger, vous étiez préfet dans un département fort calme; chaque matin un journal vous donnait son tribut de louanges, et vos administrés se taisaient ; vous suiviez la voie administrative, peut-être même y étiez-vous habile ; des problèmes sérieux ne venaient pas vous assaillir à chaque minute ; vous viviez en paix, dans cette douce quiétude que donnent les gros traitements.

Vous arrivez en Algérie, dans un pays nouveau, pays où tout est à créer ; au débotté, vous tombez dans un Conseil général qui discute sérieusement et avec indépendance des questions que vous ne connaissez pas : vous pensez rêver, vous vous croyez en proie à un cauchemar. Tout à coup vous arrivent deux carrés de papier noircis. L'un dit blanc, l'autre dit gris ; mais enfin tous deux parlent avec une certaine liberté et discutent avec franchise les actes du Conseil général, ceux du ministre, la situation générale, etc. L'un d'eux, surtout, vous étonne par ses allures, par son ton dégagé. Décidément, vous vous croyez en proie à un cauchemar.

Mais les jours se succèdent, et, avec eux viennent de nouveaux carrés de papier aussi extraordinaires que les précédents. Pendant ce temps, les questions les plus graves se posent devant vous, tout le monde demande des solutions, et vous ne savez que répondre ni à qui répondre.

Votre esprit se reporte naturellement vers l'Ardèche ; vous vous rappelez avec amour vos longs jours de calme, vos nuits de doux sommeil, votre journal thuriféraire

votre bonheur d'autrefois, et vous êtes tenté de demander comme Géronte : Que diable allais-je faire dans
cette galère ?

Dès lors vous prenez en belle haine les carrés de papier noirci en général, et l'*Algérie nouvelle* en particu-
lier. Vous l'attaquez, elle réclame ; audace intolérable !
Et... vous savez le reste...

Pour comble de malheur, des hommes que l'opinion
flétrit viennent rôder autour de la préfecture. Ils savent
que, nouveau dans le pays, vous ne pouvez les connaître
encore, et ils viennent platement vous faire leur cour,
calomnier lâchement ceux que déjà vous êtes disposé
à ne pas aimer. « Ce sont des démagogues, vous dit-on,
des buveurs de sang, des révolutionnaires ; ils sont les
ennemis du gouvernement et vos adversaires systéma-
tiques ! » A partir de ce moment, ces hommes perfides
deviennent vos amis, à partir de ce moment vous faites
fausse route.

Quand on songe, Monsieur, à tout ce qu'ils vous
ont fait faire, à vous que j'estime pourtant, que je crois
homme d'honneur !

Ils vous ont fait l'auxiliaire d'un intérêt de boutique ;
ils vous ont rendu solidaire de toutes leurs rancunes,

et c'est à l'abri de votre nom qu'ils ont pu insulter impunément la population algérienne !

Ils vous ont fait prendre cet arrêté des annonces légales dans lequel vous avez sacrifié l'intérêt public à l'intérêt de l'*Akhbar* ;

Ils ont poursuivi de leurs insultes nos magistrats les plus honorables !

Enfin, un jour, ils ont fait une brochure !...

Ici j'hésite, Monsieur, car je ne sais plus qui je dois accuser.

Voici tout bonnement ce qui m'a été conté à ce propos :

La recherche de la paternité en matière de pamphlets n'étant pas interdite, quelques personnes ont cherché à savoir quel était l'auteur du petit factum qui a paru dans les premiers jours de ce mois. Comme je l'ai dit dans ma réplique, je m'inquiétais peu de connaître l'homme qui n'avait pas rougi d'insulter, de calomnier M. Géry et ses amis les plus honorables, en se cachant derrière un pseudonyme. Par le temps qui court et de tout temps, la lâcheté est chose assez peu rare, pour qu'on ne perde point son temps à rechercher ceux qui en sont atteints.

Pourtant, je le répète, quelques personnes, plus curieuses que moi, se mirent en quête et surent bientôt quel était l'auteur, car il ne s'en défendait pas, je dois lui rendre cette justice.

Mais, s'il ne se défendait pas, il se plaignait avec amertume : « Ma pensée a été dénaturée, disait-il, et je n'ai point dit ce qu'on me fait dire : les attaques contre M. Géry, les insinuations contre ses amis, ne sont pas de ma main. Voyez plutôt mon manuscrit. » Ainsi criait l'auteur infortuné, aux échos d'alentour qui le répercutèrent comme de raison ; de telle sorte qu'aujourd'hui tout le monde est convaincu à Alger que les calomnies contre M. Géry ne sont pas de M. Hébert, *mais de quelqu'un plus*, comme disent les paysans.

Si j'avais été à la place de M. Hébert (ce dont Dieu me garde), je me serais empressé de me réhabiliter dans l'estime des honnêtes gens, en imprimant toute la vérité à cet égard, ou je me serais tû absolument. M. Hébert a préféré un juste milieu qui ne le réhabilite pas, mais qui le rend parfaitement ridicule. Comprenez-vous en effet, cet auteur qui, après avoir publié un pamphlet, après en avoir corrigé les épreuves vient déclarer que ce pamphlet a été modifié par une main mystérieuse qu'il se garde bien de désigner !

« Eh ! Monsieur, pourrait-on lui dire, si vous êtes vraiment affligé du mal qu'on a fait sous votre nom, si vous rougissez d'être pris pour un calomniateur, montrez donc un peu l'indignation de l'honnête homme faussement accusé; faites connaître le coupable, si vous n'êtes pas son complice ; mais n'espérez toucher personne par vos demis aveux, par vos réticences, et si vous n'avez pas le courage de votre honneur, ayez du moins le courage de votre honte. Ne me dites pas que vous avez une place, qu'il vous faut garder des ménagements. Vous étiez libre de remplir honorablement votre modeste emploi, sans vous jeter dans la vie publique ; mais aujourd'hui que, volontairement, vous êtes entré dans la lutte, vous n'avez pas le droit de vous couvrir de votre obscurité.

Voilà ce que je dirais à M. Hébert, si je le connaissais; voilà ce que je dirais à ce jeune paladin des vieilles choses, à cet homme qui, jeune lui-même, me reproche de mettre ma jeunesse au service d'une cause généreuse, et met sa jeunesse, à lui, au service de la réaction, à la dévotion d'un M. Watbled.

Mais enfin, si, comme il le dit tout haut, M. Hébert n'est pas coupable, qui donc faut-il accuser? Je n'hésite pas à vous le dire, Monsieur, bien des gens vous ont rendu responsable des attaques qui ont été dirigées contre votre honorable prédécesseur. Quant à moi je n'ai point voulu croire à un pareil acte, car je n'accuse jamais que preuves en mains; mais j'ai pensé qu'un ami maladroit vous avait compromis, cette fois comme tant d'autres.

Ce fait n'est pas, en effet, le seul du même genre que l'on croie avoir à vous reprocher. En voici un autre à ma connaissance.

Le *Tirailleur algérien* ayant inséré dans un article une phrase qui me parut injurieuse, j'envoyai à l'un de ses rédacteurs, deux de mes amis. Je n'ai pas l'intention de vous raconter ce qui se passa en cette circonstance, mais, dans la conversation, il arriva à M. *** de dire : « Le compte-rendu de la brochure de M. Duvernois, qui a été inséré dans le *Tirailleur* n'était point politique; on devait d'abord en publier un autre plus sérieux, MAIS M. LE PRÉFET S'Y EST OPPOSÉ. » Cette phrase m'a été rapportée par mes deux amis, hommes d'honneur, qui le rediraient au besoin. Qu'en résulte-t-il?

L'arrêté relatif aux annonces judiciaires, votre manière de communiquer les nouvelles aux journaux, vous ont donné la responsabilité morale des articles de l'*Akh'bar*, de ses insinuations contre le Prince, de ses attaques contre MM. Imberdis, Blasselle, Kuenneman, de ses dénonciations quotidiennes. Voici maintenant que vous êtes représenté comme le censeur, comme le patron des calembredaines du *Tirailleur algérien*. Vous devenez responsable, conséquemment, de la brochure anonyme écrite par un rédacteur du *Tirailleur*, imprimée dans l'officine Watbled-Bourget !

Et, voyez quelle singulière position cela vous donne, si on le rapproche de votre droit d'avertir les journaux!

Vous êtes chargé de surveiller ma polémique et vous polémisez contre moi! Vous êtes mon juge et mon adversaire! Quels ménagements, quelle équité puis-je donc attendre de vous?

Mais non, Monsieur, non, je ne veux pas croire tout cela; je veux croire que vous êtes trompé, je veux croire qu'on abuse de votre nom, et je veux vous prévenir, comme doit faire un honnête homme qui aperçoit un autre honnête homme dans un guépier!

Mais il est temps, il est grand temps que vous soyez prévenu, Monsieur, car le public qui, nécessairement, vous rend responsable de vos actes, commence à se plaindre tout haut.

Il est par exemple un fait qui vous a semblé peut-être très-naturel et que vos amis auront fort approuvé, mais qui a produit l'effet le plus déplorable.

On était encore sous l'impression pénible de la session du Conseil général; on avait vu les représentants de nos intérêts se débattre en vain pour équilibrer des besoins urgents et des ressources insuffisantes; les premières pluies de l'hiver venaient de produire leur effet ordinaire sur nos routes et de les rendre impraticables;

la crise commerciale et industrielle étreignait à l'étouf-
fer notre pauvre département; quelqu'un vint me voir :

— Savez-vous ce qui préoccupe en ce moment M. le préfet, me dit-il ?

— Non, vraiment, mais cela peut se deviner.

— Je vous le donne en mille.

— Il s'occupe d'aller visiter les routes défoncées, et il va demander au ministre de prendre promptement des mesures pour les réparer ?

— Point du tout.

— Il s'occupe des barrages emportés par les eaux, et réclame des crédits supplémentaires ?

— Allez toujours.

— Diable!... Il prépare un emprunt départemental ?

— Vous êtes à cent lieues de la vérité.

— Il s'inquiète du manque de terres à donner aux émigrants, et des moyens d'activer le cadastre.

— Allez, allez.

— Mais c'est une plaisanterie!... M. le préfet étudie l'extension du territoire civil ?

— Que diraient les militaires ?

— Alors, ma foi, j'y renonce !

— Vous avez raison, car vous ne devineriez jamais.
M. le préfet, étant allé se promener du côté du Jardin-d'Essai, y a vu un emplacement agréable, une maison un peu ruinée, mais qu'avec une dépense de trente

mille francs on aura bientôt restaurée, et il va s'y préparer une résidence d'été !

— Hum ! il me semble que le préfet aurait autre chose à faire en ce moment. Pourtant, nous ne devons pas trop le blâmer ; puisqu'il a de la fortune, on ne saurait lui en vouloir d'avoir acheté une masure ruinée et un terrain inutile, et de les transformer, avec son argent, en une charmante villa. Tout le monde y gagnera, et....

— Attendez donc ! La masure ruinée est une maison domaniale, le terrain que vous avez appelez inutile est annexé depuis longtemps à la Pépinière centrale, et l'argent qui doit servir à arranger le tout sera fourni par le département, qui est fort riche, comme vous savez ! »

Voilà, Monsieur, ce qui m'a été conté, à ma grande surprise, car je voyais au budget départemental un emploi plus utile; car il me semblait que le dernier à déranger un service public devait être le préfet du département. Il est vrai que j'appréciais d'après les traditions de M. Géry et d'après mon éternel programme de Limoges, source féconde d'erreurs et de mécomptes, comme vous voyez.

En me plaçant, par exemple, au point de vue du programme de Limoges, je trouve que vous vous occupez beaucoup plus qu'il ne faudrait de choses qui semblent à tous peu importantes et qui ne peuvent avoir d'autre but que de satisfaire vos amis. Pourquoi, par exemple, risquer d'amener un conflit entre l'autorité départementale et l'autorité municipale pour la question des débuts au théâtre ou pour l'*Entr'acte algérien?*

La loi vous accorde le droit de ne pas approuver les arrêtés du maire quand ils vous paraissent contraires à l'intérêt public ; mais cette arme que vous donne la loi doit être maniée avec une extrême prudence, si vous ne voulez avoir des froissements incessants avec des hommes estimables. J'apprends un jour que vous venez de faire acte d'autorité, que vous avez refusé d'approuver un arrêté municipal; je m'inquiète, comme de raison, car pour nous qui payons les verres cassés, un conflit entre ceux qui nous gouvernent est toujours chose grave. Je vais aux informations et j'apprends.., vraiment j'ai de la peine à garder mon sérieux,..... qu'il s'agit de savoir si les artistes du théâtre débuteront ou ne débuteront pas!

Supposez, Monsieur, que le maire d'Alger, au lieu d'être un homme calme et de sens, eût été un peu chatouilleux : il se démettait de ses fonctions. Quel beau conflit, en vérité, à porter devant le ministre! Et tout cela pourquoi, je vous le demande ? Pour donner raison à l'opinion de M. Watbled et d'un chef d'orchestre incompris, directeur du *Tirailleur algérien!* C'eut été bien la peine, en vérité, de priver la ville d'un administrateur intègre et estimé !

Et votre intervention dans l'affaire de l'*Entr'acte algé-rien*, la trouvez-vous beaucoup plus digne de la gravité administrative ?

Un petit journal de théâtre plaisante tant qu'il peut, c'est son état. Il exhibe sur un théâtre de Guignol des personnages fantastiques qui échangent des calembre-daines. Qu'on trouve là matière à rire ou matière à bâiller, je le conçois également : c'est affaire de goût. Mais, non, votre commissaire central intervient au milieu d'une représentation, saisit le journal avec tapage, et le lendemain vous intervenez vous-même contre la pauvre feuille, et vous écrivez au maire de prendre un arrêté qui en interdisant la vente de l'*Entr'acte*, laisse le champ libre au *Tirailleur !*

Ah ! si j'avais été le maire d'Alger, avant de me con-former à vos instructions et de sévir contre l'*Entr'acte*, je serais allé vous trouver :

— M. le préfet, vous aurais-je dit, occupons-nous, s'il vous plaît, de choses sérieuses ; elles ne manquent pas, Dieu merci ! Parlons, si vous le voulez, de mon budget ou du vôtre, qui sont insuffisants tous deux ; causons des confréries religieuses qui accaparent l'instruction pri-maire ; parlons de nos halles insuffisantes, de nos marchés non couverts ; parlons même de la rue du Rempart et des trois millions de M. de Martimprey ; mais de l'*Entr'acte*, point. Laissons rire les gens qui en ont encore le courage, ne nous faisons point les antagonistes de l'esprit ! Dieu veuille que le franc rire de l'*Entr'acte* gagne toute la population, bien attristée, bien découragée! S'il nous arrive de rencontrer dans l'*Entr'acte* des allusions à nos personnes, imitons la sagesse, la prudence de M. Géry que le *Tirailleur* appelait *Carduus Limovensis*, sans qu'il y prît garde, occupé qu'il était des grands intérêts du pays. Ne donnons pas d'importance aux choses qui n'en ont point, et tâchons d'accorder un peu plus d'attention aux affaires vraiment graves. N'ayons surtout pas de conflit pour des choses banales, et

> N'apprêtons point à rire aux hommes
> En nous disant nos vérités.

Ainsi eussé-je parlé ; et vous m'eussiez entendu sans doute, car je n'ai aucune raison pour vous croire réfractaire aux bons conseils ; vous auriez laissé l'*Entr'acte* faire son affaire, sans vous en mêler. Peut-être le *Tirailleur* vous eût-il appelé *Carduus privensis*, mais vous ne vous en seriez pas plus mal porté.

Je m'arrête, Monsieur, car je suis tout honteux, je l'avoue, de causer aussi longtemps de choses aussi peu sérieuses, aussi peu dignes de vous et de moi. Mais est-ce ma faute, si votre administration s'occupe autant d'affaires frivoles, et ne me faut-il pas l'étudier sur le terrain qu'elle a choisi ? Puis-je vous parler irrigation, quand vous vous occupez des débuts au théâtre ? Puis-je vous entretenir des affaires de votre département, quand vous vous inquiétez du théâtre de Guignol ?

Et voyez où cela pourrait mener, si, d'aventure, un changement de politique vous enlevait à votre département ! Voyez-vous vos panégyristes s'écriant : « M. Levert a rendu de grands services au pays ; c'est à ce préfet regretté que revient l'honneur d'avoir modifié le système des débuts au théâtre, d'avoir interdit la vente publique de l'*Entr'acte* et d'avoir enlevé les annonces judiciaires à l'*Algérie nouvelle* ! Grâce à ces trois mesures, les seules importantes de son administration, le département d'Alger jouit d'une prospérité......

Mais, je le répète, je laisse ces banalités, et je conclus.

Votre tort est d'avoir aimé vos amis, d'avoir jugé ceux que vous croyez vos ennemis, avant de connaître les uns et les autres, et d'avoir une grande prévention contre la liberté de discussion.

Ce dernier point me paraît suffisament démontré par vos actes, qu'ils soient dirigés contre l'*Algérie nouvelle* ou contre l'*Entr'acte*. Et pourtant, la liberté de discussion était le seul élément d'étude des hommes et des choses qui fût à votre portée.

Laissez parler librement l'*Algérie nouvelle* et l'*Akhbar*, sans favoriser l'un ou l'autre, et vous saurez bien vite de quel côté sont le désintéressement et la conviction. Vous verrez bientôt que ceux que vous croyez vos ennemis, sont tout bonnement des gens sincères qui ne veulent pas plus vous attaquer systématiquement, que vous flatter lâchement. Vous emploierez à des choses vraiment utiles, le temps que vous ne consacrerez plus à écarter la lumière, et vous aurez l'estime et l'affection de vos administrés.

Mais, si vous vous servez du droit de surveiller la presse pour permettre aux uns l'insulte contre la population, la calomnie contre les magistrats, et défendre aux autres une discussion modérée des actes publics, vous aurez conflits sur conflits, comme cela est arrivé déjà, avec tout ce qui représente la population : chambre de commerce, tribunal de commerce, municipalité ou presse, mais, croyez-le, vous n'aurez point anéanti la liberté de discussion.

Quant à moi, ce que je ne pourrai plus dire dans l'*Algérie nouvelle*, je le dirai dans des brochures, ici, à Paris, partout. Car si j'ai été nourri

Dans la crainte de Dieu, monsieur, et des sergents !

Si je suis parfaitement décidé à respecter les lois de mon pays qui me défendent les attaques contre le gouvernement, je ne le suis pas moins à faire mon devoir, qui me commande de dire la vérité, sans haine pour qui ce soit, mais aussi sans crainte de personne. Si votre juridiction administrative pèse trop lourdement sur moi, si votre balance vous sert de casse-tête, je me placerai sous la juridiction ordinaire qui ne condamne pas sans entendre ; et là, je serai sans frayeur, car je ne suis, quoiqu'on dise, ni l'ennemi du gouvernement, ni l'ennemi de personne.

De cette façon je serai votre ami malgré vous, et je vous mettrai devant les yeux ce foyer de lumières que vous écartez vainement, et qui s'appelle la LIBERTÉ DE DISCUSSION.

Veuillez agréer, monsieur, l'assurance de ma parfaite considération.

CLÉMENT DUVERNOIS.

ALGER. — IMPRIMERIE DUBOS FRÈRES.